Viento en llamas

José Manuel Gutiérrez

GUTIÉRREZ, José Manuel, *Viento en llamas*, Edición al cuidado de Germán Rueda, Ideas y Libros ediciones, Madrid, 2024, 102 pp. 16 X 16 cm.

Papel: ISBN - 978-84-17892-71-5

EAN EN PAPEL: 9788417892715

Digital: ISBN - 978-84-17892-70-8

EAN DIGITAL: 9788417892708

Depósito legal:: M-1011.2024

Una vez superados los gastos de producción, los derechos de autor correspondientes a este libro serán donados a *Cáritas*.

Ideasylibros.ed@gmail.com https://ideasylibrosediciones.blogspot.com/

VENTA EN PAPEL: Los canales habituales de distribución en **España** y el **resto del mundo**. Además: **Argentina** * CUSPIDE.COM http://www.cuspide.com/* MANDRAKE https://www.mandrakelibros.com.ar * OZONUM Mercado Libre - Argentina https://listado.mercadolibre.com.ar/ **Brasil** * O ATENEUM www.oateneum.com.br **Colombia** * LEMOINE EDITORES www.librosyeditores.com * BIBLIOSTORE - Mercado Libre https://listado.mercadolibre.com.co/ * LIBRERIA DE LA U www.libreriadelau.com **Ecuador** * POWER STORE BOOKS www.powerstorebooks.com * THE BOOKS LINK www.thebookslink.com **Méjico** * BIBLIOSTORE México - Mercado Libre https://www.mercadolibre.com.mx/ * Librerías GANDHI www.gandhi.com.mx/ * Librerías GONWIL www.gonvill.com.mx **Perú** * ALEPH IBD (Mercado Libre) https://listado.mercadolibre.com.pe/ * Librería SBS https://www.sbs.com.pe **Uruguay** * MERCADOLIBROS (Mercado Libre) https://mercadolibros.uy/ * PALACIO DEL LIBRO S.A. www.libreriapocho.com.uy **Reino Unido** * BOOKDEPOSITORY https://www.bookdepository.com/es/

VENTA DIGITAL: La **Casa del Libro** y otras plataformas. **España**, TAGUS BOOKS http://www.tagusbooks.com/ TODOS TUS LIBROS/ CEGAL www.cegal.es AGAPEA FACTORY www.agapea.com **Canarias.** LIBRO TÉCNICO, Librería http://www.ellibrotecnico.com / UNICORNIO, Librería http://www.unicornioweb.com **Colombia**, LIBRERÍA NACIONAL www.librerianacional.com **Méjico**, LA VENTANA, Libreria https://laventanalibreria.com/ CASA DEL LIBRO, La Casa del Libro México Méjico, EDUCAL, http://www.educal.com.mx/LIBRERÍA DEL SOTANO, SA DE CV www.elsotano.com **Nicaragua**, LITERATO http://www.ebooks-literato.com.ni/

Viento en llamas

ÍNDICE

I

POÉTICA

Escribo para recuperar
en el silencio de mis manos
el antiguo rumor del agua,
la caída de los torrentes
que alegraban a los molinos
en los que aprendí las lecciones inolvidables
de la ternura y la contemplación.
Escribo ya sabiendo
que se ha cumplido mi destino,
mi solo ser empujado por ángeles
con sacrificios escondidos
en el altar del amanecer.
Apenas nada puedo recuperar
de todo lo pasado,
apenas nada podría descifrar
en el pausado movimiento

con el que los pájaros acarician el cielo,
ciegos emigrando en el horizonte
de los deseos.
Camino entre ruinas hacia la sombra
alargada del árbol
de los escándalos
con los ojos del niño
que agradecía la seda de lluvia
en las pizarras
que protegían el fuego y el trigo,
los besos furtivos y la Biblia entrelazando
en todos mis sueños la senda de las certezas.
Escribo con la pasividad
del musgo dibujado
en el secreto de los bosques
sin más condición que existir en el corazón
de aquellos que aman
y en los códices de oro del agradecimiento.

ES MI FORMA DE SER

Es mi forma de ser,
de saberme existiendo,
con pico y pala,
así como veis,
levantando diques con el sereno
rumor de las palabras.
Entre los gigantes rompeolas
modelo el puerto de acogida
a los barcos del trabajo y los ofrecimientos,
a todo lo que al hombre le da su condición,
a sus miedos e incertidumbres,
a la consciencia de su dicha
en los abrazos del reencuentro,
de las rosas cuando se entregan
en la discreta ermita

con su cruz dibujando el horizonte
y llenando de belleza el silencio
de los que lloran a los muertos.
Es mi forma de ser,
de saberme existiendo,
soltando amarras, poco a poco,
de un corazón que se dilata
cuando más se adentra en el mar
custodiado por los faros de la aceptación,
por la luz del desprendimiento.
Es mi forma de ser,
saberme en la plena soledad
con las puertas abiertas
como esos pequeños pueblos pesqueros
con sencillos geranios,
con gentes generosas
sobre las que se adensa,
apenas perceptible,
el aroma de la piedad sincera,
la sal del agradecimiento.

EL VIENTO MECE LOS TRIGALES

Se ha quedado atrás en el tiempo
mi corazón latiendo
en los veranos de las abubillas.
Se ha quedado atrás en el tiempo
en el interior de las casas abandonadas
donde volaron para siempre
los fuegos artificiales de celebraciones
en la noche de los malentendidos
y la ignorancia.
Duermen desconsolados
los retratos de las paredes,
los vasos de metal para los besos
disueltos en la fuente fría
y en el reflejo de las alacenas;
duermen las caricias y los aperos

detrás de gestos
que sorprendimos bajo el dibujo azul
de la inocencia.
Se ha quedado atrás en el tiempo
una manera de contemplar
que fue abandono
y confianza y cálida piedad,
la atención de un amor que se amasaba
en la liturgia del deshielo
esperando lejos como el agua que viajaba
entre las canciones de los feriantes
que, con todos, eran en las fiestas pura unidad,
compartida alegría que se ha quedado atrás
en días que no volverán
entre el viento que mece
en un poema
y en mi oración
los trigales de la nostalgia.

EL PRIMER TURNER

A veces amanece
y es como si no pasaran los años.
Abro, entonces, el balcón de la infancia
y el sol va poseyendo
las aguas de un río que canta bajo los puentes
su diaria canción de alegría,
lavanderas y guardarríos,
carboneras y mirlos
y el contrapunto de un chorlito
preñando de ternura el amanecer.
Enfilaban hacia los montes
los ganados en cada aurora,
el paso lento de los carros
tirados por bueyes que abrían

los surcos para las cosechas
y las cancelas de los huertos fértiles
en las manos de arena
de la indiferencia y el frío invierno
de la desposesión.
Abro, entonces, el balcón de la infancia
y en los ayeres del tiempo que pasa
me miran mujeres imaginadas
bajo la sombra solitaria de los cerezos,
de los nogales,
de los sauces llorones
que acariciaban las ovas en las que dormían
las truchas muertas por la cal
de los enfermos desangrados
en los espejos de la ignorancia y la ambición.
De aquel tiempo abro en un álbum
el sabor de las fresas
y la sinfonía de las tormentas,
la escucha del ablentar de los chopos
y el deseo de afirmaciones,
de miradas o besos

que siempre pertenecían a manos
hechas para la vida
y la lectura de jeroglíficos sin cantos
con letras góticas
y el incienso de lo sagrado,
sin preguntas en medio de la Naturaleza,
sin miedo a la erosión de sus nombres, esculpidos
entre el regocijo callado de las ortigas.
A veces amanece
y es como si no pasaran los años,
como si los objetos,
las tazas desconchadas,
los platos con dibujos de paisajes
esperasen solamente desde ayer
en la sólida paciencia de las alacenas,
sobre el hule de mesas muy pesadas,
rodeadas de retratos que colgaban
en las abiertas grietas
de la aflicción,
unidad de un tiempo que me arrojaba
al abismo de la contemplación,

al luminoso horizonte de Turner
allí por donde los barcos cansados
mostraban en los calendarios de las cocinas
la verdad de sus luchas,
las heridas en los costados
y un cierto reclamo a la comprensión,
un sencillo deseo de ternura,
de poder llegar hasta un puerto
guiado cada barco por la gran luz
de un faro que, muy leve,
parpadeaba en mis sueños
como indicándome el camino de la libertad.

EL VALLE DE LA MELANCOLÍA
(Homenaje a Andrei Tarkovsky)

(Ante "Los cazadores en la nieve" de
Brueghel con la música del preludio
coral de Bach Ich ruf zu dir, Herr Jesu
Christ, BWV 639).

He cerrado para siempre la entrada
que iba al valle de la melancolía,
al tiempo iluminado por el vuelo
de los vencejos
y las risas que me arroparon
hasta los acantilados de la incomprensión.
He cerrado para siempre el balcón de la infancia,
el escenario impagable del amor
que impregnaba de alegría el verano,

la luz sobre los ríos picoteados
por los pájaros lavandera
y el hondo cultivo de mi soledad,
una manera de estar
con ademanes de otro mundo,
como si nada de lo que observara
apenas lo pudiera tocar,
ningún objeto, ningún papel,
ninguna imagen,
ninguna mujer.
Solo amar dolorosamente.
Solo vivir agradeciendo las estaciones,
el viento en los trigales,
el agua de las fuentes
y las estrellas girando en las fiestas
de despedida de la siega
y las promesas de agosto del pan.
Solo amar, solo vivir, solo romper
los candados de cada aurora
con las sonrisas de los muertos
que me siguen mirando

solos en su mundo de opaca humedad,
solos en un jardín sin flores
sin haber sido amados
y ya, definitivamente, sin poder amar.
He cerrado para siempre la entrada
que iba al valle de la melancolía
y aún me quedan páginas
que pasar y aprender en las lecciones
del desprendimiento y la piedad,
en el intento de restauración
de puentes
por los que siguen cayendo sombras del pasado,
palabras perdidas entre las mieses
imposibles del amor,
caricias y besos y miradas de ternura
que no supe dibujar
en el horizonte de las campanas
y los huertos colmados
junto a las fresas
por el aroma de espliego y lavanda,
por el dolor de partituras

que nacían, en mis manos, mojadas,
por la fiebre y desdén de los puntos cardinales
y el giro enloquecido
de las veletas
que borraban las sendas del destino.
Ya nada puedo hacer sino reclamar
indulgencia a las norias tristes
que alimentaron el deseo
y los anhelos de la adolescencia.
Nada puedo hacer si no es sembrar
las flores de la verdad
con semillas de abandono y confianza.
Agradeciendo los atardeceres
con todos los vivos y con los muertos,
juntos bajo una luz benevolente
y solos,
enigmáticamente solos,
como el lejano recuerdo de un amor,
como un cuadro de Brueghel.
La música de Johann Sebastián Bach
sobre "los cazadores en la nieve".

27 DE ABRIL DE 2021, BURKINA FASO

(David Beriain, in memoriam)

Quiero pensar que fue una paradoja tu muerte,
una manera brusca de llamar la atención
para hablarnos de los percebeiros de Cedeira
y la epopeya de tu abuela,
aquellos noventa y tres metros
que separaban su casa del banco
de la iglesia en la que rezaba.
Quiero pensar que fue una paradoja tu muerte,
que no estabas en África,
que fue en un sueño donde tus palabras
limpiaban definitivamente mi mirada.

HOMENAJE A JULIO LLAMAZARES

Es una primavera de pandemia.
Peor que la peste
son los temores
y la desesperanza,
ya decían los clásicos.
Pienso en Marco Aurelio, pienso en sus hijos,
en los encendidos discursos del emperador,
en su grandeza.
No sé la razón pero, al mismo tiempo,
pienso en París,
los paisajes de Canaletto
y las notas de Bach
en la mirada de Alexis Weissenberg,
la Cavatina de Myers
la vez primera

y la lluvia de una noche sobre los tejados
de Ávila.
En medio del desierto
agradece mi piel quemada
la brisa de "Memoria de la nieve",
el agua necesaria.

COSAS PEQUEÑAS

Solo es en los momentos de oración,
de adoración ante una vela
cuando se abren en los libros sagrados
las grietas con flores crecidas
al amparo del abandono y la fragilidad.
Solo ese saber
que nada sucedería en mi ausencia
es con el que puedo proclamar,
definitivamente,
el imperio de la confianza.
Solo con no estorbar y con evitar las quejas,
solo con sonreír con luz muy franca
o agradecer a quien pone un mensaje,
me acerca el pan o suple mis torpezas,
solo con la aparente inmovilidad

de la enfermedad
o el saber de un nombre que nada cuenta
es el modo de valorar el hecho de vivir,
redimir con callados gestos
los errores pasados,
las dudas del presente,
todos los temores y temblores del porvenir.
Basta una caricia o un beso,
basta con atender una pregunta,
basta la rendición de Breda
del sorbo de cerveza
que retrasamos cuando más nos cuesta.

II

FUENTE

En el centro una fuente
que recoge cada día el silencio
primero de los solitarios.
Sigo a mi manera el trabajo
de traducir textos hebreos
y griegos al latín.
Campanas que ruedan en el mar de los sentidos
tocan en el corazón de las fraguas
para el recogimiento y la oración
y en mi caligrafía
todo lo entrego ante la paternidad
del ultramarino azul
en el dibujo de una inicial.
Entre la arena me habla
el eco de los santos,

los anónimos artesanos
de los claustros románicos.
Por las ciudades de oro
corren sin pausa
los vientos ardiendo por miedo
y la ambición.
Pero es la lengua de las dunas
y el trabajo medieval
lo que ha iluminado la noche dentro de mí.

SOL

Ahora que el sol se está ocultando
y las sombras se alargan
con la ternura
de los atardeceres
por fin comprendo y me quedo en silencio,
confiado, cuando sigo aprendiendo la lección
del perdón y el desprendimiento,
a empezar el viaje después de tantos kilómetros
en el que solo ver el horizonte
de la misericordia.

AMANECER

Al amanecer
abro la ventana a la caducidad,
a la erosión
de este cuerpo que se fatiga,
que intenta salir
a la luz y a la brisa
con la confianza del amor primero.
Pero se me ha olvidado
ser hombre
y no sé qué hacer cuando el vuelo
de un ángel
se desvanece al recordarme
que no busque descanso para mis pensamientos,
que mi viaje ha de acabar
alejado del mar y los apegos

en esa extraña libertad que espera
en el silencio del desierto.

HISTORIA

Nada sé de la Historia,
de tantos nombres que se fueron,
de vidas que podrían contar
interminablemente
experiencias maravillosas.
¿Dónde guardar el dolor,
el agua, las caricias, la Belleza
o el pan,
la plena felicidad?
Queda en los acantilados del sueño
como la ceniza de una descompensación,
como la música irritable de la injusticia.
El peso insoportable de la luz
tras una caravana
de hombres como espectros que callan.

NO ME IMPORTA

Llega un tiempo en el que no importa
el desdén, la injusticia,
la rotura en pedazos del brillo de tu nombre
para siempre perdido en los senderos anónimos
de los atardeceres.
Entonces, nadie ensalzará
la eficacia de las aldabas
ni la música de los cangilones
en la rutina de las norias,
el peso de los días
o estar pendiente,
entre las apariencias,
de gestos que se sirven de los escaparates
para ahogarse como Narciso en lo más hondo
de sus abismos.

Por fin, quedamos solamente la noche y yo,
la vendimia sin miedo
en el desierto
que acoge,
tan sobrio y bello,
la semilla de mis recuerdos,
la serena preparación
hacia mi muerte.

ABANDONO

Por fin, el abandono sin proyectos,
un rumor
de lluvia
como seda cayendo
de los tejados de la infancia,
la herida abierta
del nacimiento
con aquel primer beso
o la noche que endulzaba el paladar
en un instante
con toda la explosión de la Belleza;
la libertad que buscaba por tantos caminos
equivocados
atado a los relojes
de arena
ante los cantos de sirena

de la primera luz del universo
bajo tu piel.

LIBERTAD

Escribo
con la libertad
del fracasado,
ajeno a las caricias
y los susurros de la adulación.
Escribo
para la ceremonia
del vino y el pan de lo necesario,
para indicar el espejismo
de los palacios
y la enfermedad de las convenciones
en este mundo de codicia y placer.
Escribo para dar las gracias
por el tesoro
de la pobreza,

el equilibrio consciente de negar
las figuras de los espejos
y vivir
con los elegantes ropajes de la sencillez.
Escribo
como un eco de la Belleza
sin saber si algún peregrino
encenderá de noche una hoguera con mi voz.

ARENA

Con el cambio de arena en los relojes
los sueños que alimentan
en las noches el calor de la lumbre
animan, al amanecer, el viaje
con la efigie en los ojos de un tiempo de cansancio
y aceptación.
Una distancia de todos y todo.
Como la de los indios de Vancouver
cuando arrojaban al abismo pieles y joyas
para trazar así la senda de un principado
en el que poder vivir en libertad.

OJOS

Quizá solamente busco unos ojos
en los que aspirar el vino de la Poesía,
un libro blanco en el que dejar
el estigma del primer beso
y las caricias,
un lenguaje en el que arder
sin conocer los frutos
del caminar por el desierto
con el recuerdo de agua de una acequia
en el vacío de mis manos
que envejecen y callan.

CIELO

El cielo azul, sin nubes.
Con las horas aprieta el calor.
No se ven oasis
ni cruzan caravanas.
En las noches no puedo dormir.
Piso las ruinas
de las casas vacías,
de las voces perdidas
en el sereno rumor de unas aguas
que alimentaban los huertos de fresas,
membrillos y cerezas.
Todo el olor del mundo
vibraba en las cocinas viejas
con las manzanas en el suelo y la miel,
con el aceite, con las viandas de las paneras.
Llegaban con el pelo mojado las mujeres

que deseaba y que ya están muertas.
Y, ahora, en el viaje,
no sé medir la distancia de vuelta
a la buhardilla de los libros
de la que un otoño salí.
Tan solo sé que debo recuperar
la inocencia perdida
en un breve tiempo de piedad
y de misericordia.

PREMURA

Aún con la premura del tiempo
las largas etapas que me quedan por dibujar
quiebran todos los puentes de regreso al pasado,
los puentes que unen los continentes de la queja
por el mero descuido de mirar con errores
las casas diseñadas para bailar,
los jardines de la celebración
de las vidas sencillas y serenas, ocultas.
Como el sirviente último
que, en tinajas de plata,
recogía las aguas de Chenonceau,
le traje para su cumpleaños a Clara Peeters
colores de tierras de Oriente,
tonos a los rostros que en el deshielo
de un domingo cualquiera
pintara con versos de fuego

Julián Schnabel con el solo cincel de una voz.
Queda el aroma
del cuerpo de mi amada
en un lugar soñado
en el vacío de mis manos,
el asombro por todo,
el agradecimiento por la vida,
la biografía de una gota de agua
evaporándose
en el cristal del tiempo,
en las lágrimas imposibles
por la vejez o por la sequía en la que busco
los oasis
que no me pertenecen,
los oasis
que florecen en la memoria
con la fuerza de una sombra deseada,
del reposo y homenaje a la vela
que brilla en la mirada de la fe.

NITIDEZ

Sé, con meridiana nitidez,
que fui un cobarde,
que no tuve la valentía
de lanzarme de verdad a conocer, a ser,
y que me quedé pertrechado
en la fortaleza levantada por la lluvia,
en el castillo
de una buhardilla
llena de libros
y futura nostalgia.
Me duele no haber vivido de fe
y confiar en bastante más
que en estas manos, todavía fuertes,
pero que, poco a poco,
se van marchitando, envejecen.
En silencio, al lado del mar,

la fiesta permanente
de haber vivido junto a ti,
tu gesto al contemplar los nenúfares de Monet
y nuestro acudir en Santo Tomás
a los atardeceres
mientras, bajo la nieve,
dormían los trenes y los besos redentores
en los acantilados del miedo y la justicia.
En Ávila
o Ainsa o París
o Roma
o Granada o San Agustín de Guadix
el infinito,
la prudencia de las campanas ante la lluvia,
la importancia de la atención
en tantas fotografías en las que me miras
como en este poema
que escribes para mí.

CANTOS RODADOS

Entre cantos rodados
he llegado, cansado, hasta la playa
en la que me contemplan los suicidas
sin poder soltar en sus manos
el fruto de las equivocaciones
en el roce con quien lloraba
lo imposible del desposorio
hasta poder trabajar
este fondo fluvial de la existencia
que todo anega con sus aguas.
Pude experimentar hasta extremos imposibles
el dolor,
los hierros de la envidia,
el fuego del odio que solo sabía vivir
ante el testigo ciego
de la venganza.

Solo lamento
no haber tenido la fortaleza suficiente
para haberme ido lejos de mi país,
siempre apegado al sol, al cabrilleo
superficial de la codicia,
siempre a la caza de relámpagos
en tranquilas noches de luna llena.
Entre cantos rodados
y el polvo de la Historia
los libros han cuidado de mis manos
para la búsqueda del amor,
para formar en medio de la noche
la ruina total de las bibliotecas,
el camino de la iluminación,
la renuncia absoluta
para poder abrazar la libertad,
los sonidos anteriores al nombre.
Por ello el desierto es mi casa, mi hogar,
el espejo en el que encontrarme.

RESPLANDOR

En medio de tanta pobreza
el resplandor del Arte. La Palabra.

TRABAJAR

Debo trabajar a conciencia
para llenar el hogar
con el aroma del café
y vencer la rutina,
lo previsible,
ese miedo a encontrarnos
porque nos falta el amor
en la cuenta corriente.
Debo trabajar a conciencia
para no caer en la mentira
de la imaginación
y amarte a todas horas
para no poder ni rozarte
ni avivar siquiera el recuerdo
de un mismo fuego
en que, juntos, ardimos.

SEGURIDAD

Levantamos muros de seguridad
para contemplar, extasiados,
la luz de los relámpagos,
para distraernos
sacudiendo en un felpudo el peso liberador
de las plegarias,
para no pensar en la muerte.
De nada sirven las casas sin el regocijo
de la entrega subiendo por las enredaderas
que protejan de extremo dolor la piel del alma,
la antesala de estaciones que limpien,
definitivamente,
las sendas de la verdad.
La Naturaleza llena de ortigas,
por igual, los castillos
y las bóvedas de los monasterios,

la curva de las iniciales
del tiempo sin tiempo del calígrafo que reza
mientras ofrece el secreto de lo inacabado,
de las grietas de los relojes
que derraman su arena
en las manos de los desheredados.
Con la paradoja de los mejores mensajes,
de los versos mayores
que saben que el presente es absoluto pasado
y un futuro por venir.

PLENITUD

Dibujar, con el artificio de la plenitud,
palacios
que otros habiten
a cambio del olvido
con la verdad para la sed
de la constante música
con la que levantan sus arboledas
los hijos de la mediocridad
entre las nubes de la negación.
Contemplar las ortigas
como estalagmitas subiendo lentas
hasta abrazar las naves
de una catedral inventada
para este sueño de la posesión de la Tierra
mientras busco la luz

entre dudas y dudas
y el aroma de una noche sin fin.

BENDITO

Bendito quien sabe inmediatamente
la afrenta como dádiva,
quien recibe la traición o la misma calumnia
como un regalo
con el que jugar
desde el fondo del oscuro cielo del olvido
y la desposesión.
Bendito quien sabe del camino de su nombre
y quiere volver, ya consciente,
hasta el callado idioma en el que reconocerse
con el bálsamo de la aurora
en una mirada de comprensión
y herida orfandad.
Bendito quien, ciego, ve la Belleza
en todo,

azul la sangre como la piel azul
de tuaregs
que, bajo soles llenos de silencio,
nunca nada supieron del perdón y la piedad.

EMPEZAMOS

Empezamos a salir
como de un sueño,
como de un cuadro de Magritte,
como del interior de un silencioso manantial
en el que estuviera prohibido beber.
Empezamos a fijar
el miedo
al poder de la luz,
a evitar el halago y los abrazos,
el beso
que quedó enterrado
con el regocijo de las campanas
entre árboles milenarios
en los que crecí con semillas
de asombro y mansedumbre.

Empezamos a viajar, definitivamente,
sin rumbo pero agradecidos,
como espectros al atardecer,
como sombras que buscaran sus cuerpos
en las fronteras de una ciudad nueva
en la que alguien nos entregara,
como en un sueño,
la enigmática flor abierta
de una segunda oportunidad.

ILUSIÓN

Generaba ilusión lo venidero,
brillaban en invierno
las uvas del amor y la esperanza.
Sabían de la piel de los sentidos
hasta la irrupción de la luz cualquier atardecer,
siempre con su imagen en el paisaje,
siempre su aroma,
el roce de la carne
y una inolvidable mirada
cargada de alegría.
Muy rápida fue la travesía del desierto.
Llega al final la caravana.
La sed me está venciendo
y, sintiendo la plenitud del agua
en los oasis de la memoria,

nada veo, tras las dunas, en el horizonte.
Todas las vibraciones
en la mirada
son seguros engaños,
ciudades levantadas,
sencillamente,
por los dibujos de arena de los espejismos.

DESVÁN

En la infancia me pasaba las tardes enteras
en un desván,
marcado para siempre
por el asombro y la contemplación.
En medio de tanta sencillez
y de tanta pobreza
esperaba en los veranos la lluvia
en los cristales,
la furia del viento en las ramas,
el espectáculo de las tormentas.
Nada me aportaba el encuentro
con los demás.
Solo y en silencio, fui entrando,
sin comprender, en el misterio de las iglesias.
No sabía decir qué me pasaba.

Nunca saben qué decir
los cautivos de la Belleza.

LUZ

Vi en la luz del fin de la Tierra
todo lo que hubiera sido posible,
el agua en un mar sin fronteras,
las miradas más bellas
con la lentitud
del atardecer.
Supe la razón, con el tiempo,
del estremecimiento
ante aquella brisa pura y la cosecha cóncava
de las gaviotas
en la plaza del cine de verano
donde nunca nadie me conocía,
donde, entre sombras que se amaban,
disfrutaba del mar
y el aliento de las estrellas

como una sombra más
pero en otro mundo ante aquella quietud,
ante el recuerdo de la felicidad.
Si alguna vez tengo que volver
será solamente para agradecer
cada respiración
ante el estallido de las hortensias,
las puestas de sol en el horizonte,
bajar con sabiduría y sosiego
la persiana como el último gesto
de los cuerpos envueltos
entre el silencio de las olas
en el acto final de una representación,
de un cumplido destino.

CREÍA VER

Ya no me importa
el brillo de oro que creía ver.
No es ya tan siquiera la estancia con las ventanas
abiertas a la luz de las montañas
o el mar,
el anónimo lugar
en el que apoyar, por fin, la cabeza
y morir.
La Historia
se encarga de devorar
para el Mar Muerto
sus propios nombres, las grandes fiestas, las estatuas.
De tanto revisar, en cera
se va fundiendo el mármol de Carrara,
y, si bien dudo de su sombra,

la Palabra cinceló cada noche
tu caminar tan solo para mí,
espectador privilegiado
en los abismos de la vida.
Ahora se van apagando las luces
y es muy ridículo
el papel de Narciso ahogado por la ambición.
No sé leer mi blanco cuaderno
de asombrado espectador.
Se van apagando las luces
y no hay butacas dibujadas en el desierto
para aplaudir al sol.
Quizá una niña encuentre mi secreto
en la Palabra
de este mensaje
ahora lanzado al mar
en el único balandro de mi pensamiento.

DESTINO

Después de una misión,
de un cumplido destino,
pervive el mayor esfuerzo de apurar el cáliz
de la discreción y el olvido:
perderse entre la niebla
con la ternura de las flores
en el altar en ruinas del acostumbramiento.
La vida se ocupa de otorgarnos los honores
propios de la desnudez
y buscamos como los niños huérfanos
en las pobladas avenidas
los signos que labran en los rostros las heridas
con las que reclamar explicaciones al dolor
para, al fin, solo obtener el destello
de luces lejanas, indiferencia y silencio.

Escribo queriendo desaparecer
a la espera de un rumor de agua
en las encrucijadas del desierto
pero todo es arena y calor,
paisaje de ruinas y tedio.
Escribo queriendo vivir sin saber
del paso de las caravanas
sin más destino
que el de la huida de los altos muros
de la adulación y la mediocridad
en medio de jardines sin árboles ni templos.
Pueblan mis manos las aves del miedo.
Podría justificarme diciendo
que he perdido la brújula
y los mapas y las razones
que me llevaron al camino
pero nunca tuve otro perfil en la mirada
que el de la luz
devolviendo en la noche diaria
la verdad de los espejismos.

III

CUADERNO

Si ahora, Dios,
me regalaras un cuaderno
de grandes páginas en blanco,
si ahora, oh Padre,
con todo tu poder quisieras hacerme niño
con una fiesta de cumpleaños,
le daría para empezar al tiempo
los conscientes pasos de la madurez,
evitaría la violencia,
los rotos cristales en las palabras,
los colores y aromas
que me atraían
con sus sabores de miel,
la arboleda frondosa
de lo perdido y la falta de atención a Ti,

siempre esperando
tan paciente y tan Padre,
siempre cubriendo con sueños nocturnos
y volcanes de lágrimas
la piel dura del desprestigio.
Si ahora me regalaras
un cuaderno de grandes páginas
dibujaría, cómplice,
la duradera felicidad entre mis padres,
llenaría los hogares vacíos
de quienes te llevaste sin avisar,
trazaría un jardín de besos
y caricias y encuentros,
restauraría las familias rotas
y me bañaría en los ríos
despojados de la vergüenza
y el miedo;
escribiría en tu cuaderno
el movimiento de la luz y el mar,
la noche de mi boda
y la lenta alfarería del amor

con todas sus piedras preciosas
de silencio y entrega.
Te haría preguntas también
como, por ejemplo, si sirven las oraciones,
como, por ejemplo, a dónde va el sufrimiento
y si existes de verdad
como de verdad me dicen verdadero el cielo.
Sí, Padre,
si ahora me regalaras
un cuaderno de grandes páginas
te dibujaría torpemente un arco iris,
las alas de una mariposa
y la altura del hombre
al que le hiciste descubrir el fuego;
te preguntaría, sin dudar,
en qué pensabas cuando amasabas la Belleza
que los hombres no vemos,
el para qué de la miseria,
el para qué de la ignorancia
y tanto mal de tanto calendario
que pudo ser incienso y vida

y desarbolada pasión
y que acabó en pavesas solo
de un violento fuego desperdiciado.
Escribiría en tu cuaderno
a mis padres unidos y tranquilos,
a mis hermanos juntos cualquier día
en una comida degustación
con platos variados de comprensión y ternura.
Te dibujaría, Padre, unas páginas
llenas de corazones
pidiendo a los cuatro vientos perdón.
Escribiría en la última página
los nombres de mi mujer y mis hijos
y dejaría para el final
un espacio pequeño
en el que poner la sencilla palabra "gracias".

JUNTO A UNA HOGUERA

Como quien pintaba un bisonte
en las bóvedas de Altamira,
como quien derramaba flores
en los afluentes de la Historia
reclamando favores a los dioses,
como el vértigo adolescente
que aceleraba el corazón
si pensabas en amores sin correspondencia,
como los vuelos imposibles
ante el cristal de la agencia de viajes…,
así siempre la indiferencia
ante los retos del presente,
un ir tapiando horizonte a horizonte
para ya no albergar otro deseo
que la soledad,

la dulzura de la tarde en las manos,
en la cara y en la entera piel
frente al mar
o los árboles de la aceptación
ante los que agradecer
el final de la vida
junto a una hoguera crepitando
y que, con su murmullo,
cierre tus ojos
como la bendición de un beso,
por fin, el beso último,
definitivamente.

A PROPÓSITO DE VINCENT VAN GOGH

Más allá de los Evangelios
en el tiempo de ensayo de la predicación,
los Salmos
se fueron diluyendo
en las manos inocentes de Vincent Van Gogh
hasta regalar, interminablemente, lirios,
girasoles, trigales,
noches inolvidables
y cipreses que punzaban junto a campanarios
de iglesias dislocadas
bellísimos cielos en erupción.
Poco importa ya el lado de la verdad
entre el ruido de las monedas
cultivadas en las lenguas de los codiciosos.

Fui una vez en Arlés Theo Van Gogh
recibiendo del hermano las cartas,
su desubicación y falta de amor,
la mirada pura, huidiza,
de quien muy poco sabía de la comprensión.
Más allá de los Evangelios
y las meditaciones de los Salmos en color,
se preguntaba el pintor
por algún documento,
la sola misiva de un centurión
que comentara sobre un personaje
muerto en absoluta soledad
y el recuerdo del hambre y de la sed
en cuarenta inútiles días en un desierto.

UNA MARIPOSA EN LA CRUZ
(Homenaje a Jean Dominique Bauby)

Es un luminoso Domingo de primavera
y parece que nadie escucha,
nadie atiende al rumor del agua
que resplandece en tu costado,
nadie tropieza en el abismo
del mal que me tiene paralizado.
Estoy cansado de esta postura, de puntillas,
el cuerpo entre un madero y tres clavos, asfixiado.
Beso levemente a mi madre
entre las nieblas del recuerdo,
beso a la madre de mis hijos
con el brillo permanente de la vez primera
y los días mejores
pasan en un tren por la ventanilla,

maravillosos, rápidos
como las imágenes de una alucinación
o las de un sueño,
como si un grueso cristal
me fuera separando de todos y de todo.
Me voy quedando sin aliento,
sin el aire que entraba por la ventana única
de mi ojo izquierdo.
Con él escribía y amaba,
me asomaba a la suavidad con que Dios trazaba
la alegría del agua y el brillo de la luz
sobre las pieles y las rosas y las montañas.
Me voy quedando sin aliento
y tan solo me mantiene en el dolor
y la inmovilidad y la soledad
el vuelo de una mariposa
que a menudo se para
en los brazos de esta cruz en la que estoy,
la vida interior con la que, agradecido, espero
sin miedo
la cercana llegada de la muerte.

CRISTO DE MIG ARÁN

No sirve de nada en la Poesía
endulzar situaciones del pasado,
instantes ciertos de alegría
que, inesperadamente, emergen
reclamando facturas del asombro,
el olvidado cofre del agradecimiento.
Como la plenitud de unos días, en silencio,
en una abuhardillada estancia
de un hotel del Valle de Arán
donde, pueblo a pueblo, pude hacer
las cuentas de un interior rosario con plegarias
conformadas por las buenas gentes y el Románico,
la grandiosa Naturaleza
y los paseos por las calles,
indolentes, sin tiempo,

gozosas,
eternas.
Temo no saber
acabar bien el viaje de la vida,
este círculo que se cierra,
los hijos que se van con sus maletas,
las limitaciones que aumentan,
la lucha
por negar la ilusión de sueños
que nunca se cumplen o son mediata ceniza
que vuela.
No sirve de nada en la Poesía
endulzar situaciones del pasado.
Quizá, tan solo, recuperar
con los ojos cerrados
el lenguaje del río Nere
con su descenso generoso;
quizá plasmar una emoción
ante el Cristo amputado,
ofrecerle en la iglesia de San Miguel
una vez más mis brazos,

mis manos que siempre buscaron
la maravilla de la música
al acariciar una piel amada,
o al levantar, sin más, con las deleznables piedras
de mis palabras
una ermita románica,
pequeña, fuerte y bella,
mi familia, mi vida entera,
la solitaria imagen de mi sombra
que se alargaba al atardecer
entre todos los puentes y calles empedradas.
Por fin comprendo,
después de tanto tiempo,
el costoso peregrinaje
al santuario de la desposesión,
la necesidad
de las plegarias y el desprendimiento,
volver allí en interior silencio,
en completa soledad,
para besar a mi Cristo amputado
únicamente con mi pensamiento

y ofrecerle mis brazos,
entregarle mis manos
para poder escribir
atento a su dictado.
Para poder escribir, atento, a su dictado.

HOMENAJE A TERESA DE LISIEUX

No tengo dinero ni poder.
No tengo ninguna posibilidad
de mejorar de los demás su vida.
Débil y limitado
permanezco libremente apresado
entre los grilletes del silencio y la soledad,
aislado con todo el horizonte como heredad
entre los sólidos muros de la incomprensión.
No tengo fuerza en las manos ni en el corazón
para escribir. Y mis ojos se niegan a leer,
a seguir los símbolos que en el cielo
perfila la Belleza.
Como en una sima profunda,
la vida se refleja
en las aguas quietas del alma

que anhela tan solo la Luz,
no los rastros secos de acequias
que nunca han sabido salir al mar.
Solo preciso silencio y soledad.
Y el lento y generoso fluido
que en los labios vibra con el secreto
de las plegarias.

EL VIENTO EN LLAMAS

Me han aliviado tanto
quienes dejaban caer sobre mí,
en los monasterios, la lluvia leve
de sus gestos mudos y sus plegarias
que no acabo de encontrar las palabras,
el oro en los manantiales de la Poesía,
una manera de devolverles la existencia,
el aroma de la palabra "gracias",
de las rosas cuando se entregan.
En el silencio de los claustros
y en los que cuidan a enfermos y necesitados,
en la constancia de los matrimonios
que se aman remontando las laderas
de la caducidad y la erosión
y en quienes sonríen sabiendo el brillo

de las monedas falsas
que intercambian los mercaderes
del vacío y la facilidad,
en todo lo oculto, discreto,
en el reino que crece silencioso,
en el éxito que no aflora
o que, ni tan siquiera, es propio buscar,
la mano ahuecada para la luz necesaria
es la señal clara de la certeza de Dios,
esa fragancia a incienso o a lavanda o a espliego
que pervive en el viento en llamas
sobre las personas cuando se van.

CUESTIÓN DE FE

Con el paso del tiempo
atiendo a las lecciones de la desposesión,
al olvido de uno mismo en los gestos
que, como flores lentas, se abren
en todos aquellos que caminaron
tras el eco de los relámpagos
y la cosecha que prometieron los abrazos.
Heredamos los frutos
de los campos quemados del olvido
en los que crecen las ruinas de la soledumbre,
mujeres que lloran tras los candados del miedo,
niños extraviados bajo la noche
de los suicidas,
ángeles con las alas rotas
al amparo de las ciudades

que negaron la piedad
y la urdimbre de las hogueras
en las que reconocer la verdad de los hombres.
Somos soledad,
el anhelo de felicidad
que cada jornada envuelve nuestro desconsuelo
con el sonido de las campanas más cercanas,
las que nos abren los tesoros de lo ordinario,
ese trabajo que tanto nos cuesta,
esa renovada atención a la misma voz,
a esa carencia,
a esa enfermedad,
a esas dudas ante las oraciones
infértiles de nuestros labios.
Somos soledad.
Muy débiles, permanecemos ante el resplandor
de una sencilla vela
que nos mantiene vivos en la noche.

Este libro se terminó de imprimir en enero de 2024